Poil au

Denise Gaouette

Illustrations : François Ruyer

Directrice de collection : Denise Gaouette

Rat de bibliothèque

Données de catalogage avant publication (Canada)

Gaouette, Denise

    Poil aux pattes!

    (Rat de bibliothèque. Série bleue ; 7)
    Pour enfants de 7 ans.

    ISBN 2-7613-1702-5

    1. Ruyer, François. II. Titre. III. Collection : Rat de bibliothèque (Saint-Laurent, Québec). Série bleue ; 7.

PS8613.A58P64 2004   jC843'.6   C2004-941636-7
PS9613.A58P64 2004

Photographie de Denise Gaouette : Marc Bailey

Dépôt légal : 4ᵉ trimestre 2004
Bibliothèque nationale du Québec
Bibliothèque nationale du Canada

IMPRIMÉ AU CANADA   234567890 IML 098765
                                    10641 ABCD   JS16

Bougon adore la neige.
Hélas ! il doit rester dans la maison.
Le sel qui déglace les routes
a irrité ses pattes.
Bougon n'arrête pas de bougonner.
— Wouf ! wouf !

Madame Lili va à l'animalerie.
— Des problèmes de pattes !
  J'ai la solution immédiate,
  dit le vendeur Socrate.
Madame Lili achète des bottes
à Bougon.

Bougon porte ses bottes neuves.
Il a un comportement bizarre.
Bougon glapit.
Il fait des bonds.
Et il file à grande vitesse.

—Bougon, tu es un chien.
Arrête de te conduire
comme un lapin !
Je t'enlève tout de suite
ces bottes-lapins,
dit madame Lili découragée.

Madame Lili retourne à l'animalerie.
— Encore des problèmes de pattes !
   J'ai la solution immédiate,
   dit le vendeur Socrate.
Madame Lili achète des pantoufles
à Bougon.

Bougon porte ses pantoufles neuves.

Il a un comportement bizarre.

Bougon miaule.

Il grimpe aux arbres.

Il fait le gros dos
et hérisse ses poils.

— Bougon, tu es un chien.
Arrête de te conduire
comme un chat!
Je t'enlève tout de suite
ces pantoufles-chats,
dit madame Lili découragée.

Madame Lili retourne à l'animalerie.
— Encore des problèmes de pattes !
   J'ai la solution immédiate,
   dit le vendeur Socrate.
Madame Lili achète des bottines
à Bougon.

Bougon porte ses bottines neuves.
Il a un comportement bizarre.
Bougon grogne.
Il se dresse sur ses pattes de derrière.
Il lève le museau et hume l'air.

— Bougon, tu es un chien.
Arrête de te conduire
comme un ours !
Je t'enlève tout de suite
ces bottines-ours,
dit madame Lili découragée.

Madame Lili retourne à l'animalerie.
— Encore des problèmes de pattes!
J'ai la solution immédiate,
dit le vendeur Socrate.

Madame Lili s'impatiente.
— Finies les bottes-lapins,
les pantoufles-chats et les bottines-ours !
Fini le poil aux pattes !
Je vais trouver la solution adéquate.
Au revoir, monsieur Socrate !

Madame Lili achète de la laine.
Elle tricote, tricote et tricote.
Pendant ce temps, Bougon rêve
à ses chaussettes neuves.

Bougon porte ses chaussettes neuves.
Il gambade dans les champs.
Bougon ne bougonne plus.
Il est doux comme un mouton.
— Bêê ! bêê !